Y ESOS INSTRUMENTOS QUE CUELGAN DE LAS ALAS DE LOS PAJAROS

10 HAIKUS INVERTEBRADOS

COMENTARIO DEL "CAPITULO 29" DEL TAO TE CHING

LA MONTAÑA DE LA ILUMINACIÓN VOL.10

ANTONIO MARIÑEZ
GENSHIN

MEDITACIÓN INSPIRADA EN EL PRIMER CAPITULO *"LA LLUVIA Y EL RINOCERONTE"* DEL LIBRO INCURSIONES EN LO INDECIBLE DE THOMAS MERTON.

1

La gratitud del silencio es igual,

a la gratitud de la lluvia al caer
en los campos y bosques.

Una celebración constante
que el murmullo de la ciudad

no puede oír...

El agua inunda los puentes de madera,

pero los viejos arboles nunca

se ahogan en el cielo de la claridad.

La delicada lluvia traza

un lenguaje

que solo las invisibles lagrimas
pueden seguir,

y las aves de colores.

Un lluvia circular,

que hace danzar a las nubes
alrededor de la montaña.

Un fiesta llena de pureza,

que despierta el sueño

de la brisa en la cercana orilla.

El mundo no esta fuera

de este silencio,

de este concierto de gotas anónimas,

que descienden del templo sagrado

de tus oídos nocturnos.

No esta fuera.

Y eso es suficiente

para que el hombre se zambulle

en su solitario corazón

por ultima vez

y encuentra la verdad.

¿Acaso quieres despertar el Buda

de piedra en el río?

Hay otro forma de medir el tiempo

y el espacio,

y es coger guijarros en tu mano,

¡y lanzarlos muy lejos!

Esta soledad

es tan bella

como inexplicable,

tanto para el poeta,
como para el monje.

En la gran ciudad la conciencia
queda al margen de la vida,

pero aquí,
entre los bosques

y sauces suspirantes,

todo es conciencia

convertida
en hermoso silencio.

La única necesidad

que tiene el ciego

no es ver la hermosa lluvia caer,

sino contar las estrellas

en esa otra oscuridad cercana

a la muerte.

La única necesidad que tiene el vació

es intimar con tu mente única.

¿Todavía sigues sin comprender

esta soledad que tanto le debe

a la verdadera libertad?

El hombre recuperar
su verdadero tiempo

en la no necesidad,

en el puro

silencio.

A veces me asomo a la gran boca del valle,

y escucho sus profundas voces

cavar en la húmeda tierra

hasta llegar a sus raíces.

Incluso el viento

no hace ruido cuando pasa al lado

de los dormidos lirios.

Y también el rinoceronte

parece divertirse en la charca

liberando al barro de la prisión

de su agrietado cuerpo.

¡No!,

el mundo no esta fuera

de este silencio.

COMENTARIO AL *"GENJO KOAN"* DEL MAESTRO DOGEN.

El "Genjo Koan" es sin duda uno de los capítulos centrales del "Shobogenzo" de Dogen, y constituye uno de los pilares fundamentales del pensamiento Zen. Más allá de lo que la escuela Rinzai consideraba como Koan o adivinanzas sin solución lógica, que lanzaban al discípulo a la búsqueda de una respuesta que estuviera basada en sus propia experiencia, o en la comprensión directa de la realidad misma, el "Genjo Koan" presentado por Dogen, eres tu mismo. La pregunta que tienes que resolver antes de cualquier otra es tu propia existencia, y debes hacerlo con la misma determinación con la que realizas la practica diaria del zazen (meditación). Despertar a la naturaleza profunda de la existencia desde la practica Zen de cada instante. Para Dogen debes encontrarte con tu vida en cada instante, y eso consiste la verdadera prueba del Zen, la esencia de la practica que no tiene fin en sí misma, y que no puede reducirse a conceptos o ideas. La comprensión intelectual esta al margen, solo puedes realizarte sintiendo tu presencia ahora. Debes antes de sentarse, y empezar a respirar profundamente hacerte siempre la misma pregunta, ¿quien soy? ¿qué soy?. Sin duda alguna, esto es un "Koan de la vida" que no se resuelve de una sola vez. La vida no te deja que te conviertas en algo ya fijado de antemano. La vida misma no deja que resuelvas tu propio vida. En la tercera estrofa se dice, *"aunque améis las flores, se marchitan, aunque odiéis la mala hierba, sigue creciendo".* Las cosas son como son, independientemente de como sean tus sentimientos. Eso significa que en fondo no somos tan importante como creemos, y a pesar de todo, seguimos sufriendo por ello. El "Koan de la vida" necesita chocar con cada instante. En el fondo, da igual que seamos seres sensibles, o piedras mal talladas en el camino, necesitamos despertar en medio de la propia practica. *"Crecer y dejar pasar"* para poder ver todas las existencias que nos rodean incluida la nuestra. Esto sería una de las claves para poder entender este capitulo, otro es el "olvido de uno mismo". El obstáculo para poder realizar la practica meditativa es el "ego". También creer que nuestros propios deseos forman parte de la propia realidad. Esto significa vivir en una ilusión constante, alejarse del verdadero despertar. Y con ello, no quiero señalar que el propio despertar signifique abandono. Nunca se abandona la vida, la base en la que uno practica cada día. En el Zen no hay avance ni retroceso, ni principio ni un final, porque la propia practica infinita e inconsciente va más allá del pensamiento que tengamos de la realidad.Pero estudiar la vía, no es solo sentarse. "Es olvidarse de uno mismo", o lo que es mejor, dejar de vernos a nosotros mismos como algo que existe en un lugar y un tiempo determinado. Para Dogen, *"Olvidarse de sí mismo es ser certificado por todas las existencias"*. Olvida que existes, o has existido. ¡Despierta ahora! ¡Respira! ¡Practica sin descanso! Buda te observa. La existencia entera te observa. ¡Eres bello! Mantén este espíritu del olvido en cada uno de tus actos, y desparece en ellos, hasta que no quede rastro alguno de ti. El pensamiento solo es una losa, un contaminante de la mente. No deja avanzar y ser libre a la mente. En el origen, la mente y la vida eran lo mismo. No había separación ni diferencia entre ellos. El satori no exige volver al origen sin pasar por el pensamiento. Lanzarnos directamente al gran vació para experimentar la iluminación. No es como arrojarse a un río de pequeñas aguas, sino es como recorrer un gran océano sediento de palabras. Debes concentrarte en tu existencia. El "Genjo Koan" habla de que todas las existencias practican sin fin la iluminación a tu lado. Solo que no lo ves, porque estas entretenido en tu ego, o en tus pensamientos. Entierra Genshin al poeta, para que pueda nacer el Buda de tu interior. Mata Genshin, al Buda silencioso para que el poeta pueda nacer. Pero en fondo el silencio y la palabras es lo mismo para los ojos del despertar. La realidad sigue ahí, con todas su belleza y crueldad, que nos acerca y nos aleja de la vida y la muerte, de este ciclo inagotable. Cuando leo el "Genjo Koan" quiero ser un pez sin necesidad de nadar. Cuando leo el "Genjo Koan" quiero ser un ave sin necesidad de volar. ¿Lo sueño entonces? ¿o es la vida misma que sueña con mi existencia incompleta que yo no puedo ver?. Despertar es fácil, solo hay que vivir el presente. Practicar sin mente, sin pensar que existimos es un largo trabajo diario. Soltar quizá a las estrellas que todavía no hemos puesto nombre una bella recompensa. Solo así, desde esta disposición, la realidad misma se abre paso a través de nosotros.Olvidarse de uno mismo es encontrar al Buda sin palabras dentro de nosotros hablándonos cada instante de la vida. ¿Por que quería conversar a solas con nosotros? Acaso hemos resulto ya la pregunta, ¿quién soy? . *"Shin jin datsu raku"* Abandónate a la practica infinita del zazen. Adopta la no forma de la vida invisible con toda su energía, y huye para siempre de la formas o prisiones del pensamiento. No te detengas a pensar que la vida es "esto", o "aquello", esto es perder el tiempo. Saborea la propia vacuidad misma. Intima con tu propia existencia en la practica misma. Genshin. (Uno más que no puede tener la boca cerrada o quedarse quieto cien años más).

10 POEMAS SIN ESPEJO

1

Los tejados no soportan
este cielo vagabundo.
Lento sol.

2

Esta hermosa claridad
nunca atraviesa
esos pequeños nidos.

3

Campos amarillos
que devuelven el rezo
¡Brisa vigilante!

4

Esos girasoles entregaron
pronto sus cabezas.
¡Purpuro crepúsculo!

5

Nunca he visto a las nubes
morir en el cielo

¡Llueve eternamente
sobre las flores apagadas!

6

Esa ciega luciérnaga
quiere atravesar la luna
en mi blanca pared.

7

Ramas demasiado
arqueadas
¡Sinfonía inacabada!

8

Dicen que es Amida,

solo un rayo de luz moribundo
bronceo al escarabajo.

9

Las pequeñas cerraduras
de las hojas otoñales
ningún canto las abre.

10

Con una sola pata
la garza entierra

toda la tierra en una huella

COMENTARIO DEL "CAPITULO 29" DEL TAO TE CHING DE LAO TSE.

Cuantos sufrimientos y guerras se hubiera ahorrado el mundo con leer algunos versos del Tao Te King, y sobre todo el capitulo 29 que siempre me ha fascinado.

"¿Quieres mejorar el mundo?
No creo que pueda hacerse"

El mundo es perfecto "tal como es". Esto me recuerda a Buda después de alcanzar la iluminación del árbol bodhi cuando miro al cielo, en concreto a las estrellas, y pensó para sí mismo, al mundo no le ocurre nada. ¡Y se río!.Y su mirada resplandecía llena de belleza contenida. La fealdad y el sufrimiento del mundo viene del hombre que vive en la ignorancia. De ahí la determinación de su voluntad, de la que nace el significado de la bodhicitta de liberar a todos de esta gran ceguera universal. Mucho antes de la llegada del Buda, encontramos estos versos que nos señalan la tarea inútil de mejorar el mundo. El hombre no esta por encima del mundo. El error sería pensar en términos de superioridad espiritual, o algo así. El hombre forma parte de la naturaleza, del camino. El mundo, el todo, estaba en el origen, y siempre es anterior al hombre, al pensar y el no pensar. ¿Cómo podría la mente del hombre cambiar lo que ya es, y existe por derecho propio eternamente? Lao Tse, nos da un sabio consejo a esos valientes precipitantes que creen que pueden cambiar el mundo, ¡abstenerse! Abandonar este camino. La vida es sagrada en todas sus facetas inexplicables.

"El mundo es sagrado.
No puede mejorarse
Si lo mejoras lo arruinas.
Si lo tratas como un objeto, lo pierdes"

¿Como puede lo sagrado ser perfeccionado? La vida para el Tao, o para cualquier practicante budista que vive la conciencia del presente en cada instante es sagrada. No pueden hacerse flores más bellas que las que brotan espontáneamente de un misterioso jardín. No puedes plantar estrellas o lunas en tu ventana con la idea de que puedan ser mas bellas que las ves por la noche. Todo esta vivo, pues todavía hay una lección mayor que subyace a este reflexión. Cuando tratas todo como un objeto, no como un ser vivo, terminas por peder su esencia viva. Arruinas la realidad que siempre es abierta, y te ofrece el misterio fresco del momento. Nos empeñamos torpemente en cambiar la realidad o mejorarla, en menos de vivirla con toda su intensidad.

"Hay un tiempo para estar delante
y un tiempo para estar detrás.
Un tiempo para estar en movimiento
y un tiempo para estar en descanso.
Un tiempo para estar vigoroso
y un tiempo para esta exhausto.
Un tiempo para estar a salvo
y un tiempo para estar en peligro"

Resumidas cuentas, hay un tiempo para todo. El hombre no controla su tiempo, lo que le sucede. Lo que sucede, ocurre sin más.

Igual que una gota de rocío

que desciende de un pétalo

hasta tocar la tierra.

La gota cae sin más.

¡No hay muerte!

¡No hay interpretación posterior
a la caída de esa gota!

Algunos no lo ven,
ni siquiera se percatan,

los insectos que a veces confunden

el temprano rocío con la lluvia tenue

no la ven tampoco.

No hace falta que existan ojos,

que el cielo sea testigo.

Ocurrirá miles de veces.

A veces oigo la lluvia tocar

su canción interminable

en los viejos tejados.

A veces oigo las campanas oxidadas

de los viejos templos en mi mente,

solo es imaginación,

porque todo ya ha sido tocado,

y cantado

antes de que naciera yo,
y el Buda.

La vida sigue sin más.

Y nuestro control del tiempo es una pura ilusión, como lo es, que podemos trasformar la realidad con nuestros propios deseos. Esto solo genera sufrimiento, y más sufrimiento. Hay personas que vienen al mundo para dar belleza y vivir, olvidando que existen, o que se creen el centro del universo que habitan. Simplemente viven, y se alimenta de lo que ven.

No decimos que el solitario pez,

se alimente de todo el océano.
Solo coge lo necesario.

El control del tiempo al igual que el de nuestros deseos es pura ilusión. Y nuestras ilusiones como el mundo no pueden mejorarse.

"El maestro ve las cosas tal como son
sin intentar controlarlas"

El maestro, o el pequeño Buda que llevamos dentro no intenta controlar nada. El verdadero poder es vivir el presente sin estropear nada. Saborea el mundo sin intentar añadirle demasiado ingredientes. No intentes aliñar demasiado el plato o no podrás captar su sabor natural. El hombre por desgracia se ha vuelto anti -natural. No va en la misma dirección que la vida. Y a veces se hunde y muere más deprisa.

"Deja que sigan su propio curso
y reside en el centro del circulo"

Lo que sugiere Lao Tse es que dejes que las cosas sigan su camino. Y que te metas en el circulo. He aquí un símbolo Zen del enso. El sello del vacío que no tiene ni principio ni fin. En el fondo lo que señala el segundo verso, es que tomes distancia justa con las cosas que te ocurren, sin estar demasiado apegadas a ellas, o lejos. Todo importa, o nada importa, pero si estas en el centro del circulo nunca puedes perderte en los extremos del camino o excesos de tus pensamientos. Aún así, lo hombres se empeñan en cambiar el mundo en el que viven, y no dejan de sufrir. Y hacen sufrir al mundo.

Lo siguen intentado
a pesar de ser inútil.

Solo un niño descubre este juego.

La vida sigue...

¿Quieres mejorar el mundo?

¡Si!

¡No!

Mejor será que empieces por ti mismo.

Genshin.

HOJAS DHARMA

1

"El espíritu siempre esta en calma a pesar de que en el interior no hay más que movimiento"

Si dejas pasar al movimiento entonces
dejas pasar a los pensamientos.

Estarse quieto no es morir,

solo es concentrar la energía
del no pensamiento en ese instante.

2

"Solo zazen es la verdad del zen"

La iluminación silenciosa ocurre
desde el zazen.

Ocurre como algo natural e inconsciente.

Todo sigue el orden del cosmos
incluso nuestras pequeñas

e insignificantes respiraciones.

3

Dogen señala en el "Bedowa", la siguiente frase, "Una sola persona practicando zazen influye en el cosmos entero".

Meditar es tomar conciencia
de que todas las existencias
se sientan a nuestro lado.

Que nunca estamos
solos por completo.

Con nuestra calma lanzamos

un mensaje al universo
de que la vida

sigue su curso inalterable.

Zazen es como viajar
en el tiempo de nuestra conciencia

sin principio ni final.

Es como nadar

antes de que exista el océano,

o ver el amanecer

sin que nazca el cielo o las estrellas.

Al meditar algo en el mundo es oído,

y lanzado al infinito.

Algo que no podemos medir
con la simple razón.

Si miles de Budas se sentaran
a meditar

el mundo sería

una sola mente llena de claridad y luz.

4

"Cualquier lugar en el que se practique zazen se convierte en el asiento del diamante"

El lugar

donde se medita es siempre

el templo perfecto.

No hay que buscar más
debajo de nuestras piernas.

El asiento del diamante
se extiende por las raíces
de nuestros pies,

y llega hasta el árbol
de nuestra conciencia serena.
Siempre ha sido así.

Es como un lugar del no-lugar

donde el tiempo se detiene,

y donde no existe el Buda ni el yo.

Un lugar lleno de belleza
porque no hay dualidad,

solo la unidad

de una sola mente llena de compasión

viviendo el presente eterno.

5

"En el Zen el método para avanzar profundamente por la vía se llama "La vida del ave".La vía del ave no tiene camino fijo, ni indicaciones".

El camino que debemos recorrer
no es un camino que cruza

un bosque o un sendero.

El camino comienza

en el mismo momento

que no pensamos que hay un camino
que recorrer,

simplemente un día nos ponemos andar.
¡Es así de sencillo!

Perseguir solitarias aves en el cielo

es tan inútil como poner tinta

a mis lentas respiraciones.

La vía no es una puerta,

no es una ventana semi abierta.

La vía es el presente despejado,

o la frescura del cielo después

de una intensa tormenta.

¡Esa brisa que renueva la paleta
de aromas del jardín oculto!

La verdadera huella de la mente

esta más allá de un lugar o recuerdo

que dejamos atrás.

¡Esta en la libertad absoluta de vivir el ahora!,

¡de morir en el ahora!

6

"Mirar desde el fondo de la propia sepultura. Este es el mundo de Hishiryo"

Para mirar desde dentro
de mi propia tumba

tengo

que estar muerto,
o dentro de ella.

El Zen
te recuerda

que para disfrutar de la vida

tienes que morir muchas veces.

Debes entrar y salir de tu propia tumba
para saber

que es lo que quieres
o echas en falta.

Matar a la mente que mata a la vida.
No es lo mismo que matar a la vida
que hay en tu interior.

Piensa que tus sueños

son el sepulturero

y que tus recuerdos

flores marchitas que no sirven
para adornar tu tumba
nada más que un día.

Piensa en ello constantemente.

Ve más allá de estar dentro o fuera,

vivo o muerto.

La mente quiere que luches y te rindas,
y te entregues.

Buda solo quiere que disfrutes
de tu sueño de vida

en calma

en cualquier lugar o tiempo.

Para Buda ningún lugar esta oscuro,
solo si existe la ignorancia.

7

"Pensar sin pensar"

Es como colorear Haikus del pasado,

como recortar soles caídos

para colgarlos
en los jóvenes arboles.

Es dejar que el jardinero escriba poemas,

y el poeta plante semillas
de silencio cerca de tu hogar.

¿Quién los escuchara?

¿Quién recogerá tan efímera cosecha?

Pensar sin pensar

es caminar en círculos pequeños

alrededor del gran vacío.

8

"El Zen es plantar una flor sobre una piedra"

Planta desde tu columna vertebral
siempre recta en posición sentada
este árbol luminoso,

si quiere llegar a tocar alguna día
el cielo y la tierra al mismo tiempo.

El bambú se tuerce,

la rama se quiebra,

las alas se hacen más fuertes,

tus versos más interminables.

No hay ninguna explicación posible.

Sobre esa piedra silenciosa
hay un trono para el Buda.

¡Sé tu el primero en subirte!

Recuerda ahora,

que hasta lo inanimado
tiene conciencia de Buda,

que el cosmos entero
es una sola mente ahora.

9

"¿Cual es la fuente original de nuestra existencia? Podríamos llamarlo silencio, un silencio puro y luminoso"

El silencio

siempre ha estado desde el principio
en el origen.

Y toda la verdad pasa por el silencio.

Nuestra existencia no es nada

si no descubrimos el silencio
en nuestra propia vida.

¡No te hagas el sordo!
¡Escucha al Buda de piedra!

y aprende el lenguaje sagrado

de los copos de nieve al caer

por la ladera más cercana
de la montaña inaccesible.

¡Escucha al silencio

cuando la nieve se derrite lentamente!

Pronto caerá la fortaleza
de tu mente,

y veras derretirse ese bosque

nublado de estrellas atrapadas.

Siempre que puedas regresa al silencio.

Este silencio te conducirá de nuevo
a la vida,
a esa paz que tanta ansiamos
y no vemos.

10

"No tenemos que hacer absolutamente nada. Solo ser".

Nada que hacer.

Nada que decir.

Solo sentir nuestra presencia
en el "ahora",

sin dejar de intimar con la realidad.

El ser es el "ahora",

el "ahora" es el camino eterno
del practicante dormido.

¡Despierta!

¡Buda acaba de llamar a tu puerta!

10 HAIKUS INVERTEBRADOS

1

Helados crisantemos
ponen cercos
a la brisa amanecida.

2

Envejece la lluvia
Todas las nubes
tiene un corazón vacío.

3

Jardín del Té
A medio día,
¡no se derrama el verso!

4

Las flores no necesitan
el espejo de la luna
para maquillarse.

5

No se puede barrer la nieve,
¡las montañas
cada vez más cerca!

6

El ciruelo alarga su mano
de primavera para tocar
la ventana rota.

7

Flores de ciruelo
forman un bello circulo
¡No entres! ¡No salgas!

8

Alas de nubes
que no se puedes cortar

¡Suspiros de lluvia!

9

Un monje extiende
su vacío cuenco.
¡Roció detenido!

10

La aspiración de la peonia
es tejer una canción
interminable.

Y ESOS INSTRUMENTOS QUE CUELGAN DE LAS ALAS DE LOS PAJAROS (ESCENA-SHINRAN)

Sobre el antiguo biombo de barniz rojizo,
la huella siniestra de algunas grullas

se vislumbraba levemente.

A pesar de ocultar fugazmente
la claridad de ese amanecer furioso

que se abría paso en el cielo,

la lluvia dejaba algunas notas dispersas
de tristeza a fuera.

Dentro de la ventana del balcón,

todo se veía

como una profunda prisión

transparente del viento.

El viejo Shinran al caer la tarde,

encendía una escuálida vela
en el salón principal.

Alrededor de ese pequeño altar,

donde los mosquitos realizaban

su sorprendente bacanal a ciegas,

el vapor agudo del incienso

ascendía

como amortajadas serpientes
del aire.

Desde el otro lado del valle,

el pueblo se preguntaba quien vivía allí.

A veces ese resplandor,

que como un antigua aura rodeaba
su casa se apagaba lentamente.

Shinran se quedaba dormido,

leyendo

viejos Wasan,

y pronto caiga en un sueño
parecido a la muerte,

pero el sueño
no es como iluminación,

dentro de Él,

contiene oscuridad
y sombras de duda.

Toda su vida y sus rezos

no son mas que una muestra
de gratitud,

por ser ya salvado de antemano
por Amida.

Cuando se alcanza esta "mente confiante"

toda la vida se vive con gratitud.

Esta gratitud es la fuerza
de su profunda fe,

y su confianza en el Buda Amida.

"Namu amida butsu"
"Namu amida butsu"
"Namu amida butsu"

Repetía sin cesar
el viejo monje,

y vislumbró,

consorte de la primavera

que predican con el soplo

de las brisas amanecidas.

Y la espada afilada de los pétalos

que corta las ruedas de la oración.

Y el lamento de la lluvia

cuando cae en el palacio real.

Y las joyas que abandonan los dioses

en forma de guirnaldas olvidadas.

Y esos espíritus hambrientos

del invierno

que se acercan las a cuatro direcciones

con rugidos de tambores.

Y esos lotos que nacen

bajo tus solitarias manos

complacidas por su trabajo,

(porque no hay descanso
para alcanzar el reino de la renuncia)

Y esos soles entrelazados

en el cielo liberado.

Y esas piedras preciosas que inauguran

profundos lagos de sonido hermoso.

Y esos instrumentos que cuelgan

de las alas de los pájaros.

Y la enjoyada tierra pura devota
de tus pupilas despiertas,
pero siempre los ojos de Buda
encerrado ese océano distante.

Cien mil reflejos de la belleza
en el espejo vivo de los seres
que nunca se apagaran
un solo instante.

Y esa púrpura que bendice el polvo
enamorado de la no-forma,
que contiene nuestros cuerpos en el espacio.

Y ese oro fecundo que renace en el Oeste.

Y esos kalpas gozosos
enterrados en la arena de mis bolsillos.

Y esa alegría inmortal que viaja conmigo

siempre y que provoca los celos

de devas y nagas.

Todo se escucha como una sola

canción al unísono.

¿Podrá destruirse este universo

solo por una sola duda?

Un día Shinran se despertó

de una terrible pesadilla.

Se decía a sí mismo,

"no seré salvado por Amida,
no seré salvado por Amida,
hay mucho karma todavía en mí".

En la duda estaba el camino

de retorno al infierno.

Soñó

aquella noche

con una enorme Tengu enfurecido.

De su oscura boca cavernosa

salían conjuros, y sonidos estridentes.

Su mirada encolerizada

en iris de fuegos intimidaba
la mirada apacible del anciano.

Shinran preguntó
al espíritu del Tengu,

si había cometido alguna ofensa
que Él ya no recordaba.

El Tengu solo gritaba,

y daba vueltas entorno a su altar.

De repente,

se marchó

como un rayo vaporoso
que cruza una ventana oscura.

Shinran alguna mañana viajaba

hacia el bosque para recoger
flores medicinales,

allí ,

se embriagaba del silencio
de los arboles ,

y los caminos encontrados.

Allí ,

contemplaba el burbujeó incesante

del rocío con ese tintineo débil

de campanillas descender sobre los pétalos.

Era bello contemplar

esa breve escena de la naturaleza,

donde el tiempo eterno

de los Dharmas se hacia visible.

Y ese mismo día

pudo ver Amida asomarse

a un río,

iluminando el fondo colorido

de peces y rocas.

Su luz era de otro reino
que vivía en este.

Shinran se decía,

"yo no soy monje ni laico
solo me esfuerzo

en escuchar la voz de Amida
en cada uno de mis actos"

Como había perdido un poco de vista,

ya no copiaba surtas,

prefería tocar con sus manos

la madera y la corteza de los cantos.

Este mundo le parecía
fugaz y bello,

y sin embargo,

tan alejado,
tan alejado

de los hombres que sufren.

Este mundo esta vacío,

como la cascara de un hermoso palacio

que vaga a la deriva...

Este mundo esta vacío,

a pesar de que uno debe seguir recordando

que existe,

que Amida sigue hablando
en su propio corazón.

Posiblemente no hace falta
que estés aquí,

escuchando esta relato.

¡Shinran es ya un Buda como Tú!,

pero Amida

aunque no esta ahora,

escucha y escucha...

Solo quedan,

"escuchas entre las escuchas"

atrapados en el silencio,

sin que ninguna oración de más,

pueda escapar de este libro cerrado

del corazón y la mente.

Shinran murió hace mucho tiempo.

Amida todavía reside en el Oeste.

¿A que esperas?

¡Ves hacia allí!

www.ingramcontent.com/pod-product-compliance
Ingram Content Group UK Ltd.
Pitfield, Milton Keynes, MK11 3LW, UK
UKHW020234250726
13967UKWH00001B/353